ANALYSE

DU DESSIN

DES CACHEMIRES

ET MOYENS

DE RENDRE LES SCHALLS FRANÇAIS

SUPÉRIEURS A CEUX DES INDES;

PAR

AMÉDÉE COUDER

Dessinateur pour les Manufactures.

PARIS

CHEZ L'AUTEUR, RUE CADET, N° 24.

1834

ANALYSE

DU DESSIN

DES CACHEMIRES

ET MOYENS

DE RENDRE LES SCHALLS FRANÇAIS

SUPÉRIEURS A CEUX DES INDES;

PAR

AMÉDÉE COUDER

Dessinateur pour les Manufactures.

PARIS

CHEZ L'AUTEUR, RUE CADET, N° 24.

1834

IMPRIMERIE DE HENRI DUPUY,
RUE DE LA MONNAIE, N. 11.

ANALYSE

DU

DESSIN DES CACHEMIRES

ET MOYENS

De rendre les Schalls français supérieurs à ceux des Indes.

Dessinateur de cachemires depuis l'enfance [1], j'ai dû sentir combien il serait important qu'il existât à Paris un établissement central de dessin, spécialement destiné à répondre aux besoins de toute l'industrie manufacturière ; je me déterminai à cette entreprise, après m'être surtout empressé d'acquérir les connaissances indispensables à la bonne fabrication dans chaque genre, ainsi qu'à me rendre familiers les ornemens de tous les temps et de tous les peuples.

Le style oriental, par l'élégance de ses formes et la richesse de ses couleurs, fixa particulièrement mon attention ; je compris qu'il pouvait s'appliquer à plus d'un produit, et les premiers dessins que j'en composai furent ceux des tapis de Perse qu'ont exposés MM. Sallandrouze et Demi-Doineau.

Mon établissement ayant prospéré, le nombre de mes dessinateurs étant devenu considérable, je les classai par division, afin de spécialiser les genres autant que possible ; ces connaissances de l'exécution, réunies à celles du dessin, font déjà sortir de mes ateliers, par année, plusieurs milliers de dispositions qui se répandent dans toutes les industries, en y produisant souvent des genres nouveaux et d'avantageux résultats évidemment dus à cet ensemble et à cette inépuisable source de variétés qui s'enfantent ainsi l'une l'autre : l'*Ispahan* lui doit sa naissance, et l'on va voir que cet ouvrage m'a conduit à une intéressante découverte.

La vue des esquisses dans le goût persan, que je venais de faire pour tapis, m'inspira la pensée d'appliquer ce genre aux schalls de cache-

---

[1] Chez mon père, ensuite chez moi, sans jamais être passé sous la direction d'aucun autre dessinateur.

mire ; je ne me dissimulai pas ce qu'une telle nouveauté pouvait avoir de hardi, dans un moment où règne encore un engouement si vif pour les dessins bizarres et sans formes arrêtées que nous présentent les schalls des Indes ; toutefois, convaincu que cette conception, bien étudiée et bien rendue, était de nature à ouvrir une voie nouvelle à la fabrication des schalls, et déterminé à ce que ma pensée fût reproduite à l'Exposition, je la communiquai d'abord à M. Gaussen, qui l'apprécia immédiatement tout entière, et me laissa libre de lui en faire selon mon sentiment, telle disposition que j'imaginerais pour un schall carré.

A mesure que je composais ce dessin, les beautés du genre se découvraient de plus en plus, surtout lorsque j'obtins du mariage des couleurs des contrastes toujours harmonieux, qui produisaient un éclat et une richesse inconnus dans les schalls : M. Gaussen regrettait vivement alors que le temps qui nous séparait de l'Exposition ne lui permît pas d'y déployer tout un assortiment dans ce nouveau goût : cependant, pour que ce schall ne fût point seul de son caractère, et que l'on pût connaître que l'esprit de son dessin était applicable à plus d'une disposition, je fis de nouveaux efforts pour l'accompagner au moins d'une riche écharpe ; *elle est également exposée ;* mais le temps n'a pas permis d'en orner le milieu ; les pentes seules ont pu être exécutées.

En fesant la *mise en cartes* 2 de ces deux dessins, dont le trait avait accusé d'une manière correcte les contours arrondis des formes orientales, j'étais obligé de redresser à tous momens les *cassures* qu'entraînait l'observation du *liage* 3, et ce n'est qu'à force de m'y appliquer que j'ai pu réussir à conserver les intentions du trait et à éviter de retomber dans les formes du cachemire, qui se reproduisaient constamment.

Cette difficulté me fut un trait de lumière ; je compris le rapport intime qui pouvait exister entre le cachemire et le persan, et la probabilité de la fabrication dans l'Inde de schalls faits entièrement dans ce dernier caractère : cette pensée s'est changée depuis, chez moi, en une complète certitude. La veille de l'ouverture de l'Exposition, j'ai découvert, dans un cachemire, une bordure évidemment dessinée dans le style persan 4.

Loin que mon amour-propre ait souffert de ce cette découverte, j'en ai

---

1 Travail sur un papier *quadrillé* où le dessinateur exécute son dessin, par points comptés, comme sur un canevas.

3 Lignes obliques, marquées sur le papier, pour assujettir le dessin au croisé de l'étoffe.

4 Je m'en suis procuré un morceau, et j'ai su qu'elle provenait d'un cachemire, tellement étendu, qu'il avait servi à tapisser une pièce du palais du roi Georges IV, et qu'ici on l'avait divisé pour en former divers schalls.

Pl. 2.
Pl. 1.
Dessus de galerie de l'une des Cachemires imités dernièrement à une
Bordure exécutée dans l'ouvrage.
Dessins de la Planche 1re tels qu'ils ont dû exister dans le trait du compositeur oriental.
Dessins tels que les représente l'exécution des Cachemires des Indes.

Pl. 4.
Pl. 3.
N.º 1. Rose de Khataï. 2. Fleurs d'Ambre. 3. Iris. 4. Palmette dite Bontadjeka, à fleurs
de Mihrab, ou domino, presque toujours la couleur Lapis Lazuli. 5. Alem, marque militaire. 6. Lothos.
1. 2. 6. 4. 3.
Fleurs diverses prises sur cachemires des Indes.
Les mêmes dans leur trait primitif.
Motifs Persans dont les originaux existent à la bibliothèque Royale.

éprouvé une vive satisfaction. La pensée qu'en créant l'*Ispahan* je restitue au cachemire ses formes primitives, élégantes, naturelles, m'est plus précieuse que le mérite de créer un genre qui ne se lierait à aucune tradition.

Rempli de toutes ces pensées, et continuant toujours à chercher de nouveaux rapprochemens entre les deux genres, j'affirme aujourd'hui avec la plus profonde conviction que le cachemire, cet assemblage bizarre, qui, depuis 30 à 40 ans, n'avait point été jugé susceptible d'être analysé, n'a d'autre base que le dessin persan; on peut bien, il est vrai, admirer les ornemens de la Perse dans les peintures de ses monumens; mais plus ces ornemens ont de grâce et de charme, moins il nous avait été possible d'en soupçonner l'existence dans les schalls, tant la mauvaise exécution les avait rendus méconnaissables.

Les Orientaux ne se font point une idée juste de la perspective ni des ressources de la palette; mais ils dessinent et peignent avec une rare précision à la manière des Chinois : les ornemens de leur architecture, leurs broderies et la ciselure de leurs armes, témoignent de leur goût et de leur patience. Il n'est donc point supposable que ces habiles dessinateurs aient pu tracer des contours aussi incorrects que ceux de tous les dessins des schalls des Indes, que nous connaissons; ce serait une étrange exception à leur manière de faire telle qu'elle nous est attestée par tout ce que nous tenons d'eux. Il est aujourd'hui démontré pour moi que ces dessinateurs ont toujours composé avec toute leur pureté accoutumée; mais que, si cette même pureté ne s'est point reproduite dans le travail, ce n'est que parce qu'ils étaient privés des avantages de la *mise en cartes ;* leurs dessins étant ainsi abandonnés entre les mains d'ouvriers souvent inhabiles, et ceux-ci ayant sans cesse à lutter contre le *croisé du tissu,* qui venait rompre à tous momens les courbes si gracieuses du modèle, s'occupaient bien plus à céder quelque chose à la facilité du travail qu'à la pureté du dessin; on s'en convaincra facilement en jetant les yeux sur les dessins que je joins à cet écrit : l'un, figure 1re, représente le calque fidèle d'une partie d'un cachemire; j'ai mis en regard, figure 2, le même dessin rétabli dans le trait primitif, tel que, dans ma conviction, l'avait composé le dessinateur persan. Les diverses figures qui suivent avec des points de comparaison multipliés, ne me laissent plus aucun doute et me paraissent jeter une lumière incontestable sur une matière qui, depuis si long-temps, avait été pour nous dans une profonde obscurité [5].

[5] Ce point une fois reconnu, il s'agirait de faire les recherches nécessaires qui pussent porter à bien connaître le temps et le pays où cet article a dû prendre naissance, et à pou-

Les dessins de l'Indoustan ne présentent point le même caractère que ceux de la Perse, et cependant, c'est l'esprit de ces derniers que je retrouve dans l'épuration que je fais du cachemire : ne serait-il donc pas à présumer que ce serait dans la Perse plutôt que dans l'Inde que se fabriqueraient les schalls ? La ville de Cachemire, et surtout sa vallée, limitrophes de la Perse, ne sont point réputées pour fabriquer des étoffes , mais bien pour produire le plus beau lainage que l'on connaisse, et dans ce cas, il serait peut-être naturel de penser que c'est à *Ispahan, Erivan, Estérabad, Herat* et *Schiras*, villes où l'on travaille le mieux les étoffes précieuses, que pourraient se faire ces tissus ; le nom qu'ils portent ne leur viendrait-il pas alors du lieu de production de leur matière première? Cependant, s'il était prouvé que les cachemires fussent faits par les Indiens, ne pourrait-on pas croire qu'ils auraient emprunté le gracieux dessin des Persans, et si l'on rencontre quelquefois des cachemires où les lignes sont tellement rompues, qu'il faille bien y reconnaître l'effet d'une volonté, les Indiens n'auraient-ils pas obéi, dans ce cas, aux exigences d'une plus facile exécution?

Reconnaissant aujourd'hui l'esprit des formes que les Orientaux auront toujours voulu reproduire, et qu'ils n'ont jamais pu obtenir d'une manière plus intelligible que celle représentée par leurs schalls, et cela faute des moyens réguliers que nous possédons , il nous serait donc possible, à nous qui avons été, pour ainsi dire, à genoux devant les cachemires sous les rapports du dessin et de la fabrication, de nous relever tout-à-coup, et de pouvoir, dans quelques mois, envoyer au roi de Perse le schall le plus parfait que l'Asie ait jamais possédé, si l'on voulait employer le travail *bouclé*[6] et le dessin oriental dans toute sa pureté.

Le schall cachemire, tout grossièrement travaillé qu'il est en Orient sous les rapports du tissage et du dessin, tous deux également remplis d'imperfections, ce schall, qui ne nous provient que de la friperie des Turcs, souvent tout rapiécé, et toujours vendu au poids de l'or, est cependant estimé chez nous comme le plus beau tissu auquel l'industrie puisse atteindre ; mais bientôt les femmes européennes ne pourront pas concevoir

voir suivre, au moins par siècles, ses progrès et ses variations, ce qui ferait découvrir sans doute l'origine des palmes, auxquelles se rattache peut-être une idée religieuse.

[6] Je me suis informé auprès de divers fabricans qui font ici le travail de l'Inde, et j'ai su d'eux qu'ils ne se servaient du mot *spooliné* que parce qu'il semblait être consacré ; mais que d'ailleurs cela était bien à tort, puisqu'ils avaient reconnu que le *spoolin*, qui est une petite navette , n'était aucunement applicable à cette sorte d'ouvrage, et qu'ils n'y pouvaient employer que de *petits fuseaux ;* dans tous les cas, comme le résultat est un travail *bouclé*, c'est par cette dénomination que je crois devoir le désigner.

comment elles ont pu porter avec tant de délices des étoffes aussi flétries que le sont les schalls des Indes.

Pour en arriver à ce point, il ne faut qu'encourager le travail *bouclé* ; on croit à ce travail plus de difficultés qu'il n'en présente réellement ; si l'on s'en occupait d'une manière sérieuse et constante, il est à croire qu'on découvrirait des moyens expéditifs et économiques ; déjà plusieurs fabricans ont prouvé par leurs résultats qu'on ne peut plus faire de différence entre le modèle et la copie, si ce n'est par la beauté et la régularité d'exécution, qui est toute en faveur du schall français ; et quand on ne saurait rien imaginer de supérieur aux procédés de M. Girard, ne seraient-ils pas suffisans, puisqu'ils sont tellement simples, qu'un métier 6/4 ne lui revient pas à plus de 150 francs, qu'il n'y occupe que des femmes et des enfans [7], et obtient ainsi une grande économie dans la main-d'œuvre.

Sous quel point de vue sommes-nous donc inférieurs aujourd'hui aux Indiens?

La matière première? Elle nous vient du pays même.

La filature? Elle prouve en ce moment qu'elle n'a plus rien à désirer.

La teinture? La chimie nous donne aujourd'hui des couleurs égales à celles de l'Orient.

Le dessin? Il recouvre son origine dans cette partie, et ceux qui s'y voueront désormais ne pourront plus se dispenser d'études approfondies, ce que ne rendait point indispensable, auparavant, l'obligation où l'on s'était trouvé de ne pouvoir mieux faire que de *calquer* avec exactitude et de rajuster avec goût.

Les moyens d'exécution? Je l'ai dit tout à l'heure : le schall français travaillé au *bouclage* ne peut plus se distinguer du schall de l'Inde que par la perfection que donne la régularité de nos procédés.

Je crois donc fermement, que c'est vers ce travail que doivent tendre tous les efforts de ceux qui voudront concourir à porter le cachemire, chez nous, à son plus haut point de perfection, et dans ce concours d'efforts que j'appelle au développement du travail *bouclé*, je ne vois pas la décroissance du travail *découpé* ; je crois, au contraire, que les deux industries se tiennent intimement, et que le schall au travail *découpé* ne pénétrera comme il le doit dans les classes moyennes, que lorsque le schall *bouclé* sera plus recherché des classes riches.

Si les schalls *bouclés* que l'on a pu faire jusqu'à présent ici n'ont pas ob-

---

[7] M. Girard affirme que cette fabrication est essentiellement un travail de femmes et d'enfans.

tenu la préférence sur les cachemires des Indes, ce n'est point tant par le goût prononcé que nous pouvions avoir pour les objets qui venaient de loin, que par l'infériorité qu'il y avait réellement dans le goût des dessins, lesquels n'étaient jamais de la plus grande richesse, parce que le prix fût devenu trop élevé; la vente de ces sortes de schalls est, d'ailleurs, difficile, et ne peut souvent s'obtenir qu'en cachant avec soin l'origine française; toute cette infériorité doit disparaître aujourd'hui, si l'on ne cherche plus à imiter avec soin des contours indécis, et que l'on s'attache, au contraire, à profiter tellement des avantages qui nous mettent à même de rendre nos cachemires supérieurs à ceux de l'Inde, que, loin de n'être au plus que de belles copies, ils puissent servir de modèles, même dans l'Orient [8].

Quel motif pourrait donc s'opposer à ce que nous pussions faire de cette industrie le plus beau monument de notre civilisation manufacturière?

Qui sait si nos progrès dans cette partie ne rendront point un jour l'Asie même notre tributaire? et si, avec la matière première que nous lui devons, nous ne fabriquerons pas des schalls pour elle, comme aujourd'hui l'Angleterre porte aux Indes de la mousseline qui lutte contre celle de ce pays? Que faudrait-il pour cela? Les encouragemens du gouvernement et ceux du public. A quelle industrie sont-ils mieux dus? Laquelle a fait preuve de plus d'habileté, de plus de persévérance? Laquelle offre au pays un plus riche avenir, un travail plus approprié aux goûts d'une nation qui, pour les arts du dessin, tient le premier rang en Europe?

---

[8] Dans le travail *bouclé*, je pose en fait qu'il est impossible qu'il puisse convenir d'imiter les dessins des schalls des Indes, fussent-ils même des plus admirables; l'expérience le prouve; le goût des dessins de ces schalls varie d'une manière complète toutes les périodes de cinq à sept ans; dans ce cas, il peut bien se trouver, dans l'intérêt des imitations au *lancé*, de suivre ces variations, la durée de l'étoffe découpée n'allant point au-delà de la faveur des dessins qu'elle a pris pour modèles; mais l'étoffe *bouclée*, qui doit durer plusieurs générations, réclame un caractère de dessin spécial et pur autant que possible, à l'abri des caprices de la mode et des variations du goût.